Hermann Degering

Beiträge zur historischen Syntax der lateinischen Sprache

Hermann Degering

Beiträge zur historischen Syntax der lateinischen Sprache

ISBN/EAN: 9783744600293

Hergestellt in Europa, USA, Kanada, Australien, Japan

Cover: Foto ©ninafisch / pixelio.de

Weitere Bücher finden Sie auf **www.hansebooks.com**

Beiträge zur historischen Syntax der lateinischen Sprache.

Inaugural-Dissertation

zur

Erlangung der philosophischen Doktorwürde

der

hohen philosophischen Fakultät

der

kgl. bayer. Friedrich-Alexanders-Universität zu Erlangen

im Juli 1893

vorgelegt

von

Hermann Degering.

Erlangen.
K. b. Hofbuchdruckerei von Aug. Vollrath.
1893.

Die Praepositionen der alten Sprachen und nicht zum wenigsten der lateinischen Sprache sind, was die Erklärung ihrer Formen und ihres Gebrauchs anbetrifft, ein Hauptstreitobject der Philologen unserer Zeit, und es giebt wohl nirgends mehr einander widerstrebende Hypothesen, als gerade bei der Etymologie dieser kleinen, unscheinbaren Sprachgebilde, welche dem Scharfsinne der Gelehrten so wenig Angriffspunkte bieten, aber um so festeren Widerstand entgegen setzen.

Wenn sich diese Arbeit nun wieder mit denselben beschäftigen soll, so sei hier von vornherein bemerkt, dass der Verfasser hinsichtlich derselben auf Lösung etymologischer Streitfragen und Probleme vollständig verzichtet, auch durchaus nicht gewillt ist, sich auf Speculationen und Reconstruction praehistorischer Zustände einzulassen; sondern derselbe will nur versuchen, an der Hand des gesammten inschriftlichen und handschriftlichen Materials der lateinischen Sprache und der verwandten italischen Dialecte, hauptsächlich der Umbrer und Osker, den Entwicklungsgang zu zeichnen, welchen die lateinischen Praepositionen hinsichtlich ihrer Stellung beim Nomen bis zur Epoche der Classicität genommen haben.

Wenn ich es hierdurch also abgewiesen habe, auf praehistorische Zustände einzugehen, so heisst das natürlich nur, dass ich selbst auf derartige Constructionsversuche verzichte, nicht aber, dass ich die Resultate exacter wissenschaftlicher Forschung, welche in dieser Beziehung gewonnen sind, nicht auch hier für mich zu

1*

verwenden gedenke. So ist für die indogermanische
Grundsprache als die ursprüngliche Stellung der Praepositionen beim Nomen die Stellung nach demselben
erkannt (siehe darüber: Delbrück-Windisch, Synt.
Forsch. III 46, IV 153, V 16). Dass dieselbe, wenn
auch nicht mehr in vollem Umfange, so doch noch zum
grossen Teile, der Volksstamm, welcher von Norden
her in Italien eindringend, sich in Ost- und Westitaliker
schied und in weiterer dialectischer Scheidung die
umbrisch-oskischen und latinisch-sabellischen Dialecte
hervorrief, aus der Urheimat noch auf italischen Boden
mitbrachte, dafür sind in den Sprachresten ältester Zeit
noch manche Belege vorhanden, sowie sich auch Nachwirkungen derselben über das gesammte Gebiet der
lateinischen Sprache verfolgen lassen. [1]

Wenden wir uns nun zuerst zu dem italischen
Stamme, der am meisten noch die alte Postposition be-
wahrt hat, zu den Umbern!

Die älteren, in nationaler Schrift · aufgezeichneten
iguvinischen Tafeln zeigen immer in postnominaler
Stellung die Praepositionen:

aꝺ = lat. ad; en, em, e = lat. in; kum, ku = lat.
cum, per = lat. per (Bedeutung aber = lat. pro), prŭ =
lat. prŏ und ta, welches im lat., wie wir später sehen
werden, nur noch in erstarrten Bildungen vorkommt.

Werden diese Praepositionen mit einem alleinstehenden Nomen verbunden, so erscheinen sie noch
stets hinter demselben.

So aꝺ:

asama = asam-a(ꝺ) II[a] 39, IV 16,
asamaꝺ. asam-aꝺ IV 6;

---

[1] Die Sprache der Etrusker ist nicht in den Bereich
dieser Untersuchung gezogen, weil mir die Frage der Stellung
derselben den anderen italischen Dialecten gegenüber noch nicht
mit absoluter Sicherheit entschieden zu sein scheint.

ferner spiniama II^a 37, spinamaḍ II^a 33, persklumaḍ III 21, spantimaḍ III 33, ereçlumaḍ IV 6, ereçluma III 35, IV 3 und 10.

en mit dem Accusativ:

ahtimem II^b 12 = ahtim - em,

akeḍuniamem I^b 16 = akeḍuniam - em,

arvamen III 11, esunume I^b 14,

peḍume II^a 27, rupiniame I^b 35, 36,

satame I^b 38, fesnafe II^a 16.

Mit dem Locativ:

arven = arve — en III 13,

rupinie e I^b 27, rupinie e tre purka . . . fetu,

tafle e II^b 12, tafle e pir fertu,

fesnere II^b 11, funtlere I^b 24.

Manuve II^b 23 und sviseve II^b 14 können auch einfache Locative sein.

kum, ku:

Asaku II^a 39, 48, uvikum III 28, eruku III 31, esuku IV 29, termnesku I^b 19.

per:

Triuper I^b 21, 22, 22, II^a 25, 25, iepi nach Bücheler: Umbrica S. 157 = ieper. Ferner ukriper, tutaper, fratusper, ahtisper, trefiper, popluper zu verschiedenen Malen.

pru:

Jepru = pro eis II^a 32 nach Bücheler, Umbr. S. 201.

ta, tu:

Skalṣeta IV 15, 20,

akrutu V^a 9.

Gehört eine dieser Praepositionen zu einer Praepositionalverbindung, deren nominaler Teil aus einem Substantivum verbunden mit einem Adjectivum oder Pronomen besteht, so wird die Praeposition gewöhnlich dem ersten Gliede dieser Verbindung angehängt; so bei vorausgehendem Substantivum:

Verufe Treplanu I^b 9,

vukukum Joviu, I^b 1,

ukriper Fisiu, tutaper Ikuvina, ahtisper eikvasatis,
trefiper Jiuvina;

Bei vorausgehendem Adjectivum:

tuvere kapiđus II^a 33, testre euze = testre e
uze II^b 27, 28,

etrama spanti III 33, tertiama spanti IV 2;
testruku peđi I^a 29, nertruku peđi I^a 32; esunesku
vepurus V^a 11; uraku ri V^a 5.

Ich glaube auch bei testre euze II^b 27, 28 Postposition annehmen zu dürfen und sehe in dem Anschluss
des e an uze nur eine graphische Abweichung, welche
dadurch mit hervorgerufen sein kann, dass mit Ausnahme
von ii bei den Umbrern das unmittelbare Aufeinander-
folgen von zwei gleichen Vokalen offenbar nicht beliebt
war. Man kann dieses besonders ersehen auch aus
der Bezeichnung der Vocallänge „aha, ehe, ihi = ā, ē, ī.“
Deshalb ist auch I^b 27 rupinie e geschrieben, und
II^b 12 tafle epir, d. h. also e, ist zu einem Worte gezogen,
zu dem es gar nicht in Beziehung steht. Übrigens sind
Verstösse gegen die richtige Worttrennung auf den
Tafeln auch sonst nicht selten. Siehe dazu Text und
Fussnoten bei Aufrecht-Kirchhoff, Die Umbrischen
Sprachdenkmäler II. Teil, S. 3 — 19.

Jedoch kommt es auch vor, dass beide Teile die
Praeposition erhalten:

vapefem avieclufe I^b 14 = vapef + em aviecluf + e.

Bücheler (Umbrica S. 200) vergleicht diese Verbindung mit dem homerischen „ὅνδε δόμονδε“.

Vor das Nomen dagegen treten: pre; pus; e, ehe,
eh; pert; trā, trāf, trahaf; pustin; super; hutra. Von
diesen treten pre, pus und e so eng zu dem Nomen,
dass sie mit demselben verschmelzen und zusammen-

geschrieben werden, also auch wohl unter einem Accent
gesprochen sein werden. Wir finden an derartigen Verbindungen:

Preveres Treplanes I^a 2,

„ Tesenakes I^a 11,

„ Vehiies I^a 20.

Pusveres Treplanes I^a 7,

„ Tesenakes,

„ Vehiies.

Pustertiu pane II^b 40 = post tertium quam = post-
quam tertium,

easa II^a 38 = ex ara,

pert spinia II^a 36,

tra sate I^b 31, tra sata I^b 35, tra ekvine II^a 13,

pustin ansif II^a 25, pustin ereşlu IV 13, pusti kastru-
vuf V^a 13, 18, 20, 21, puste asiane I^a 25,

super kumne I^b 41, super ereşle IV 19,

hutra furu sehmeniar I^b 42.

Somit können wir also für die Sprache der Umbrer
zur Zeit der Abfassung der älteren iguvinischen Tafeln
hinsichtlich der Stellung der Praepositionen folgende
Regel aufstellen:

Ad, en, kum, per, pru, ta, d. h. also:

„Die einsilbigen Praepositionen mit kurzem Vocal
werden dem Nomen resp. dem ersten Teile einer
nominalen Verbindung nachgestellt.“

Dem Nomen vorangehen:

Pus pert, ē, prē, trä, pustin super, hutra, also:

„Einsilbige Praepositionen mit langem Vocale, mehr-
silbige und durch angehängte Suffixe erweiterte wie
pus = pu + s, pert = per + t (*ti).“

Bei diesen letzteren jedoch scheint noch ein
Schwanken stattzufinden, so weit sie kurzen Vocal haben,
denn neben pert spinia II^a 36 findet sich auch Petruniapert
II^a 35, das neben oskischem ampert, petiropert vielleicht
nicht mit absoluter Sicherheit abzuweisen ist, obwohl

andererseits hier ein Irrtum des Graveurs durch das
pert der folgenden Zeile leicht veranlasst sein kann.
Wir sehen hier also dieselbe Beschränkung der
Anastrophe der Praepositionen auftreten, wie sie Mommsen, „Beiträge zu der Lehre von den griechischen
Praepositionen", Seite 123 ff. für die griechische Sprache
bei Pindar und den Tragikern feststellt, denn dass
italischen einsilbigen Praepositionen mit kurzem Vocal
meist indogermanische zweikurzsilbige entsprechen, zeigt
eine einfache Gegenüberstellung.

lat.	ab	=	griech.	ἀπό	idg.	*apo,
„	en	=	„	ἐνί	„	*ani,
„	per	=	„	περί	„	*pari,
„	pro	=	„	παρά	„	*prra,
„	ob	=	„	ἐπί	„	*api,
„	sub	=	„	ὑπό	„	*upo,
„	ad	=	„	—	„	*adhi.

Nur der durchgängige Unterschied zwischen beiden
Sprachstämmen macht sich auch hier wieder geltend,
dass bei den Italikern als strenge Regel auftritt, was
in freier Weise bei den Griechen zur Erreichung einer
schönen Form dient.

In diesen umbrischen Tafeln, welche man gewöhnlich um das Ende des 4. Jahrhunderts der Stadt, ungefähr gleichzeitig mit der Duenosinschrift und hundert
Jahre später als das Zwölftafelgesetz ansetzt, haben
wir somit das älteste grössere zusammenhängende
sprachliche Document der Italiker, welches uns ermög-
licht, in syntactischer Beziehung sichere Erhebungen
zu machen. Die enge Verwandtschaft des umbrischen
Dialects mit denen der übrigen Stämme der Ost- und
Westitaliker, deren sprachliche Verschiedenheiten wohl
nur auf lautlichem und formalem Gebiete zu suchen
sind, sowie der Umstand, dass wir hier einen sprachlichen Zustand constatiert haben, der sich offenbar als
Übergangszustand von der ursprünglichen allgemeinen

Nachstellung der Praepositionen zur Voranstellung derselben documentiert, berechtigt uns, auch den übrigen
Dialecten denselben zuzuweisen, um so mehr, da auch
bei ihnen mancherlei Eigentümlichkeiten des Sprachgebrauchs, wie wir später sehen werden, und nur solche
Reste der Postposition sich vorfinden, welche gerade
diesen Zustand als Voraussetzung verlangen.

Die jüngeren umbrischen Tafeln, d. h. die in
lateinischer Schrift aufgezeichneten, zeigen uns, dass
auch bei den Umbrern die Voranstellung der Praepositionen an Boden gewinnt; denn erstens verschwindet
die Postposition ad vollständig und wird durch en und
cum ersetzt, und dieses letztere tritt aus seiner postnominalen Stellung schon zuweilen heraus.

So: VI^b 52 com peracris sacris,

VI^b 55, 56, 57, com prinvatir,
ohne dass gerade durch die Voranstellung des com ein
gewisser Nachdruck darauf gelegt würde. Dagegen hat
sich die Zahl der voranstehenden Praepositionen secun-
därer Bildung um zwei: „subra = lat. supra" und
„superne" vermehrt;

subra esto tudero VI^a 16,

superne adro VII^a 25;
was wohl nicht allein auf Rechnung des grösseren Um-
fangs der jüngeren Tafeln zu setzen ist, sondern wohl
auch in der stärkeren Bevorzugung der antenominalen
Stellung der Praepositionen seine Erklärung findet.

Was nun die übrigen italischen Dialecte anbetrifft,
so zeigen dieselben meistens schon einen zu Gunsten
der Voranstellung der Praepositionen fortgeschrittenen
Zustand.

Bei den Oskern finden wir die Postposition erstens
in erstarrten zu Adverbien versteinerten Verbindungen.
So imaden: Zvetajeff, Inscript. Ital. infer. dial. 142,
nach Bücheler, lex. ital. p. XI^b = ab ima (parte); jedoch
möchte ich eine andere Erklärung vorziehen, nämlich

„von Grund aus“, „gründlich“ und imaden dadurch auf eine Stufe stellen mit den lateinischen Adverbien auf im resp. atim.

Ferner in petiropert 231 $_{14}$, $_{15}$ und ampert 231 $_{12}$, $_{18}$. Über die Erklärung dieser Formen siehe Obricatis, De per praepos. lat. et cum casu etc. Regimonti 1884, pag. 53 ff.

Ausserdem findet sich nur en in postnominaler Stellung und zwar in der vermutlich ältesten oskischen Inschrift, Zvet. 87, A. 1, 2, hortín Keríiín = in horto Cereali, so dass wir hier wieder dieselbe Erscheinung antreffen, welche wir schon bei den Umbrern antrafen, dass sowohl Adjectiv als Substantiv, sobald dieses die erste Stelle einnimmt, mit der Postposition versehen werden kann, eine Erscheinung, welche ich dadurch erklären möchte, dass das Adjectivum, aus seiner alten indogermanischen Stellung (siehe Delbrück-Windisch, Indogerm. Forschungen IV. 150) verdrängt, die ihm als erstem Gliede der nominalen Verbindung zukommende Postposition auch in die neue Stellung mit hinüberzieht, während das Substantiv als nunmehriges erstes Glied der Regel nach die Postposition angefügt erhält.

Von den Praepositionen, welche in den älteren iguvinischen Tafeln noch in postnominaler Stellung erscheinen, finden wir auf oskischem Boden in antenominaler Stellung „com“; so in der Tabula Bantina Zvet. 231.

15 com preivatud,
16 con preivatud,
23 com a(l)trud ligud,

so dass sich diese Inschrift wohl auch schon hierdurch als verhältnismässig jünger als jene documentiert und wohl kaum ein viel höheres Alter als die auf der anderen Seite der Erzplatte befindliche lateinische Inschrift aus den Jahren 621—31 a. u. c. (nach Mommsen, C. J. L. I 197) beanspruchen darf. Auch op kommt nur in der Stellung vor dem Nomen vor.

136_{13}: op eisod sakaraklod,

231_{14}: op tovtad,

„ $_{23}$: op eizois.

Alle übrigen Praepositionen, welche in den oskischen Sprachresten sich vorfinden, haben langen Vocal „dät" oder sind secundäre Bildungen: „ant aus anti; anter = an - ter; az = ad - s; perum = per - um; post, pust = po - s - ti; postin = po - s - ti - in oder ne" (siehe Savels - berg, Rhein. Museum N. F. 26, S. 386 ff.) und als solche natürlich nur noch in der Stellung vor dem Nomen anzutreffen. Von den übrigen dialectischen Inschriftresten darf ich hier wohl absehen, weil ihre Deutung meistens noch grossen Schwierigkeiten begegnet und sie ihres geringen Umfanges wegen wenig Praepositionalconstructionen enthalten. Nur sei hier noch bemerkt, dass sich die Postposition „en" wahrscheinlich auch findet in der Paelignischen Inschrift bei Zvet. Nr. 13 praicim - e, lex - e, pitrom - e.

Ich wende mich nun zu dem Volksstamme, dessen Sprache allein von allen auf italischem Boden entstandenen sich zu einer Litteratursprache erhoben und der mit der politischen Selbstständigkeit der ihm verwandten Stämme auch ihre sprachliche Sonderheit vernichtet hat, zu den Latinern.

Wie schon oben gesagt ist, glaube ich auch für die lateinische Sprache den Beweis erbringen zu können, dass auch für sie eine Periode existiert habe, in welcher wie bei den Umbrern die einsilbigen Praepositionen dem Nomen nachgesetzt wurden, oder vielmehr dass von der allgemeinen Nachstellung der Praepositonen bis zur allgemeinen Voranstellungs derselben der Weg über diese Etappe geführt hat, und dass der sprachliche Zustand, den wir beim Einsetzen der Überlieferung vorfinden, jenen zur Voraussetzung hat. Leider steht es mit der ältesten lateinischen inschriftlichen Überlieferung sehr schlecht, und es sind vor dem S. C. de Bacchanalibus vom Jahre 568 nur wenige Inschriften, welche mehr als Namen von Geber und Empfänger enthalten.

Soviel glaube ich aber aus dem „en manom“ der Duenos - Inschrift sowie aus den freilich unzuverlässigen Resten der XII Tafeln schliessen zu dürfen, dass bei aller Freiheit der Praepositionen dem Verbum gegenüber, „vgl. ob vos sacro, transque dato, endoque plorato“, in Bezug auf das Nomen die Voranstellung auch der einsilbigen Praepositionen schon am Anfang des 4. Jahrhunderts der Stadt die vorherrschende gewesen sein muss.

Immerhin lassen sich aber die Nachwirkungen der alten Postposition namentlich aber jener zweiten Periode deutlich verfolgen selbst bis in die klassische und nachklassische Zeit.

Zuerst ist meiner Meinung nach eine Wirkung des längeren Verharrens der Praepositionen in postnominaler Stellung auf italischem Boden gerade darin zu erblicken, dass sie durch engen Anschluss an das vorausgehende Nomen ihren eigenen Hochton einbüssend, den Verlust ihres tieftonigen Vokals zu beklagen hatten und, dass auf diese Weise aus den alten zweisilbigen Formen die einsilbigen hervorgingen, ein Vorgang, der auch in der griechischen Sprache zu den Formen $\pi \acute{\epsilon} \varrho$ von $\pi \acute{\epsilon} \varrho \iota$, $\acute{\epsilon} \nu$ von $\acute{\epsilon} \nu \iota$, $\pi \varrho \acute{o} \varsigma$ von $\pi \varrho \acute{o} \tau \iota$ geführt hat, dessen Weiterumsichgreifen aber durch die frühzeitige Durchführung der Voranstellung der Praepositionen gehindert worden ist.

Sodann sind es auch hier wieder sprachliche Versteinerungen, welche sich uns darbieten, und zwar sind alle mittelst nachgestellter einsilbiger Praepositionen gebildet. Semper, nuper, topper, paulisper, pauxillisper, quantisper, tantisper, parumper sind alte Praepositionalverbindungen, die durch häufigen Gebrauch erstarrten und nach Aufgabe der ursprünglichen Constructionsweise als unverstandene Bildungen in die Reihe der Adverbia eintraten. Siehe auch hierüber: Obricatis a. a. O.

Ferner möchte ich hierher auch die Adverbien
auf im rechnen. Es möge mir gestattet sein, hier einen teilweise
neuen Erklärungsversuch für die Entstehung derselben
anzuführen. Ich bin mir dabei wohl der mannigfachen
Schwierigkeiten eines solchen bewusst, andererseits aber
glaube ich für meine Ansicht so starke Gründe ins
Feld führen zu können, dass ich, wenn auch nicht auf
Anerkennung, so doch wenigstens auf Nachsicht bei der
Beurteilung derselben glaube rechnen zu dürfen.
Die jetzt wohl fast allgemein verbreitete Ansicht
über die Entstehung der Adverbia auf im, die den
Ursprung derselben, abgesehen von späteren Analogiebildungen, auf Accusativbildungen von i-Stämmen zurück-
führt (die Bopp-Corssensche Hypothese), hat erst
jüngst noch in A. Funk im 8. Bande des Archiv f.
lat. Lexikographie S. 77 ff. einen entschiedenen Ver-
teidiger gefunden. Derselbe geht von dem zweifel-
losen Acc. ad fatim und dem möglichen Accusativ partim
aus. Da nun ferner die grosse Mehrzahl der Adverbia
auf tim (sim) von Verben abgeleitet seien, und es z. B.
im Griech. Verbalsubstantive, die mit ti gebildet sind,
gäbe, im Lat. freilich nur solche auf tion, so glaubt er
berechtigt zu sein, alle diese von Verben abgeleiteten
Adverbien auf tim (sim) für Accusative solcher Verbalsubstantive auszugeben, bloss weil eben partim, magnam
partem und maximam partem die Möglichkeit adverbialen
Gebrauches des Accusativs beweisen. Nun haben aber
doch alle Adverbien auf im die ganz bestimmte Färbung
der Bedeutung „in der Richtung, in der Art und Weise
einer Handlung", zuweilen sogar eine locativisch-distri-
butive Bedeutung, die sich abgesehen von partim, wo
sie aus der eigenen Bedeutung des Wortes selbst sich
entwickelt, aus dem reinen Accusative sich nur unter
Künstelei herausdeuten lässt, dagegen fast von selbst
sich ergiebt, wenn wir in diesen Formen Locative mit

nachfolgendem en - in - im finden, das ja auch in der
umbrisch - oskischen Distributivpartikel pustin postin
enthalten ist. Ausserdem sind wir aber bei dieser Annahme auch noch der Schwierigkeit enthoben, besondere,
sonst im Lat. nicht vorkommende Verbalsubstantive auf
ti ansetzen zu müssen, sondern können uns mit den bekannten auf to (so) begnügen, die ja die Stelle des
Part. Pert. Pass. vertreten. An diese also von Participien
gebildeten Adverbien schliessen sich in der Bildung
auch einige Nominalstämme an, z. B. furto - furtim,
* jugisto - juxtim, * uberto (das als Adjectiv neben uber
erst im Spätlatein aufkommt) - ubertim, * festo (Weiter-
bildung festinare) - confestim, * intero - interim, cuncto -
cunctim. Vielleicht gehören hierher auch die von den
i - Stämmen nostrati, * vestrati, * meati, * tuati, * suati,
cuiati gebildeten nostratim, vestratim, meatim, tuatim,
suatim, cuiatim, da diese Stämme zum teil auch ander-
weitig bezeugt sind.

Ferner giebt es nun aber eine ganze Reihe von
Bildungen auf atim, die sich in keiner Weise zu Verben
in Beziehung setzen lassen (Funk, a. a. O. 87 ff.), sondern
direkt von Nominibus abgeleitet sind, und wiederum
andere, die sowohl von Verben als auch von Nominibus
abgeleitet sein könnten. Diese letzteren Bildungen nun,
meint Funk, seien die Ursache, dass von den Verbal-
substantiven aus die Bildung von Adverbien auf tim
auch auf Nominalstämme übergegriffen habe, ohne dass
er aber den Beweis liefert, der doch unbedingt erforder-
lich ist, dass die von Verben abgeleiteten Formen
älteren Ursprungs seien als die von Nominibus ab-
stammenden. Im Gegenteil werden gerade, soviel ich
sehe, curiatim, centuriatim und tributim als die ältesten
Formen bezeugt, und diese stammen doch ohne Zweifel
von Nominalstämmen. Die meisten dieser Gruppe an-
gehörenden Adverbien stammen von Substantiven der
A - Klasse, resp. von femininen Adjectiven auf a, während

die von anderen Substantiven der O-Declination sowie
der consonantischen Decl. abgeleiteten Formen auf atim
sich als Analogiebildungen leicht erkennen lassen. Wir
müssen also bei der Erklärung der Bildung dieser
Gruppe von jenen ersteren ausgehen. Festus erwähnt, pag.
111, dass die Alten für
interim und interdum auch interatim und interduatim
sagten. Wir haben damit also von zwei Stämmen zwei
verschiedene Formen gleicher Bedeutung, deren erstere
sich zu den Adverbien der ersten Gruppe reihen (auch
interdum = *interduim). — Eine ähnliche Erklärung
für dum giebt Savelsberg, Rhein. Museum 26 N. F. 386
(dum = doni und ni = eni = en = em = im) —,
während die letzteren interatim und interduatim sich zu
der zweiten Gruppe stellen. Den Schlüssel zu der Erklärung der Adverbien dieser zweiten Gruppe giebt das
oskische imaden, Zvet., Insc. It. inf. dial. Nr. 142 =
imad-en, also ein femininer Ablat. mit der Postposition
en, dem sowohl der Bedeutung als der Bildung nach
ein lateinisches *infumatim entsprechen würde. Ich fasse
die Entstehung der Adverbien dieser Gruppe also so
auf, dass an den alten Ablativ von Feminin-Stämmen
der A-Klasse hauptsächlich (doch auch tribut-im), der
ja ursprünlich auf t ausging, die Postposition en trat.
So haben wir also ursprünglich eine zweifache Bildungsweise der Adverbien auf im anzusetzen. Die erstere
verband den Locativ der O-Stämme mit en, die andere
den Ablativ der fem. A-Stämme mit derselben Postposition. Als charakteristischstes Beispiel für beide
Bildungsarten bietet sich interim von *intero und interatim
von *intera. Von den Adjectivstämmen aus griff die
Bildungsweise der zweiten Gruppe zunächst auch auf
die Substantive der O-Klasse über. Schon beim Beginn
der litterarischen Epoche der lat. Sprache führt dann
das starke Hervortreten der Endung atim sowohl in
der ersten als auch in der zweiten Gruppe zu Analogie-

bildungen auf atim von consonantischen und U-Stämmen. Die Worte cossim, examussim, vicissim, viritim, propritim etymologisch sicher zu deuten, darauf muss ich ebenso wie **Funk** verzichten.

Sodann gehört hierher die vielleicht ihrem Ursprunge nach umbrische Form simitu, welche wir bei **Plautus** und **Accius**, zwei Männern umbrischer Abkunft, und bei **Lucilius**, der ja gern mit sprachlichen Sonderheiten paradiert, antreffen. Dieselbe hat namentlich, seitdem **Ritschl** aus den Inschriften, Orelli 2863, und Insc. Neap. 423 die Form „simitur" erschlossen hat, zu den mannigfachsten Erklärungsversuchen Veranlassung gegeben, von denen mir die Corssensche am dichtesten am Ziele vorbeizuschiessen scheint.

Alle bisherigen Erklärungen leiden, soviel ich sehe, an zwei methodischen Fehlern.

Erstens nehmen alle ohne weiteres simītur für die ältere Form an, obwohl die Lage der Überlieferung beinahe für das Gegenteil spricht. Nämlich für **Plautus** geben die Handschriften nur simitu resp. simetu, dagegen ist von dem r in den Plautushandschriften nicht die Spur zu finden, und eines Hiatus wegen es **Amph.** III, 84 (631 R.) zu ergänzen, ist mindestens ebenso überflüssig, als es zweifellos ist, dass jetzt **Most** III 2, 105 (792 R.) niemand mehr etwas gegen potivi einzuwenden haben wird, nachdem die Herausgeber Amph. I 1, 23 (178 R.) aus B. 2 potivit hergestellt haben. (Vgl. dazu C. J. L. I 551 v. Jahre 622 a. u. c. poseivei.)

Das früheste Vorkommen der Form simitur, welches sich dagegen constatieren liesse, wäre in dem Verse des **Volcatius Sedigitus**:

„Simitur Hecyra sexta exclusast fabula",

welchen **Sueton** in seiner „Vita Terentii" anführt, wenn man die freilich bestechende, aber doch sehr gewaltsame Conjectur **Ritschls** annehmen würde, der Opusc. 3, 234 ff. obigen Vers aus der handschriftlichen Überlieferung:

„sumetur hẹc ira sexta ex his fabula" herstellen will.
Immerhin blieben wir dann mit einem Beleg für simitur
ungefähr hundert Jahre hinter einem solchen für simitu
zurück, denn die beiden Inschriften wird doch wohl
niemand früher anzusetzen wagen. Somit liegt also
durchaus kein Grund vor, simitur für die ältere Form
zu erklären.

Der zweite und hauptsächlichste Fehler aber liegt
darin, dass man die handschriftliche Überlieferung nicht
gleichmässig verwertet hat und ohne weiteres an der
überlieferten Form simeta (Accius, Ribbeck, trag.
frag. v. 79) vorübergegangen ist, ohne sie zu anderem
als zur Wiederherstellung eines simitu zu benutzen. Und
doch giebt gerade sie den richtigen Schlüssel zur
Lösung.

Die Überlieferung giebt uns nämlich die drei Formen
simitu 9 × bei Plautus, simetu Plaut. Men. 5. 1. 45
Lucil. (745 R.), L. Müller, XXX 17 A. B. Bamb. Gen.
L. 1 (simetu L. 2 zweite Hand), simeta bei Accius,
Ribb. a. a. O. Wenn wir nun bedenken, dass wir
nicht berechtigt sind, etwas für falsch überliefert zu
erklären, abgesehen von geringen Versehen, so lange
wir nicht einen Grund für die Änderung der richtigen
Überlieferung angeben können, so dürfen wir wohl allen-
falls „SIMETU = si me tu" für die Leistung eines Correctors
ausgeben, wenn es nicht, wie hier, durch simeta gestützt
würde, dieses letztere aber sind wir gezwungen, für
ebenso beglaubigt anzunehmen als das Plautinische simitu.

Damit ergiebt sich aber für die letzte Silbe die
Identität von tu und ta; wir erhalten also die umbrische
Postposition, welche in den iguvinischen Tafeln mehr-
fach in beiden Formen auftritt.

IV 15, skalçeta,
VI[b] 16, scalseto,
V[a] 9, akrutu.

Bücheler, Umbrica Seite 201, sagt über diese

2

Partikel: „to in tab. IV ta sic ut in activi verbi imp. 3,
ablativo postponitur ut significetur ab aliquo, ex aliquo;
cf. radicitus".

Er vergleicht also die Postposition „tŏ" mit dem
Suffix des Imperativs „tō", welches ursprünglich tōd
(statod: Duenos - Inschrift, osc. likítud: Zvetajeff 285)
lautete und von Thurneysen (Kuhns, Zeitschr. 27, 179 ff.)
und Gaedike (Accus. im Veda 225) als angehängte
Partikel aufgefasst wird (siehe auch Brugmann, griech.
Gramm. in J. von Müllers Handb. d. kl. Altertw.
B. II Seite 172 f.), welche mit dem Verbalstamme sich
verbindet. Wir haben somit eine zweifache Verwendung
dieser Partikel tōd anzunehmen, einmal als Wortbildungssuffix beim Imperativ, und ferner als Prae- resp. Postposition und zwar unter Verkürzung des Vocals. Diese
Form mit kurzem Vocal durch „s" erweitert, treffen
wir sodann auf lateinischem Boden wieder als Adverbialsuffix (tus) in intus und subtus und in Verbindung mit
einem Bindevocal (ĭ) in einer grösseren Reihe von
Adverbien, welche den Ursprung bedeuten und von
Nominalstämmen abgeleitet werden. Siehe Neue. lat.
Formenlehre II² 670.

Als Postposition glaube ich ta auch noch constatieren
zu können in der von Festus S. 6 aus einem Gesetz
des Numa Pompilius überlieferten Form aliūta, welche
wohl ursprünglich „aus anderer Richtung" bedeutet und
von dort aus sich zu der Bedeutung „in anderer Weise"
fortentwickelt hat, also als aliō + ta anzusetzen ist.
Den Umschlag des o zu u haben wir auch in einem
anderen Worte, das von demselben Stamme gebildet
wird, in aliubi.

Ob ferner nicht, trotz Hands dictatorisch ab-
sprechendem Urteile, lat. ïtă mit griech. εἶτα zu verbinden ist, und wir auch hier dieselbe praepositionale
Verbindung haben wie in simēta, aliūta, scheint mir,
da auch in anderen zweisilbigen Partikeln ursprünglich

langes ī oder ei gekürzt ist zu ĭ, so quĭdem sĭne, nicht
absolut ausgeschlossen zu sein. Dass der erste Teil unserer Partikel simitu ein
alter Ablativ vom Stamme semo sei, hat Corssen,
„Kritische Beiträge z. lat. Formenl.", Seite 23 richtig aus
der Länge des ī geschlossen, um so wunderbarer erscheint es mir, wie er darauf verfallen konnte, denselben
mit dem Wortbildungssuffix „tus" verbinden zu wollen,
welches, wie alle sonst erhaltenen Beispiele zeigen, nur
an den Stamm unmittelbar oder unter Zuhilfenahme
des Bindevocales ĭ tritt. Sodann fehlt bei ihm auch
jeglicher Nachweis über die Veranlassung des Abfalls
von „s" oder dessen Rhotacierung, da doch die übrige
nicht gerade geringe Anzahl von Adverbien auf „tus"
ausnahmslos das s erhalten hat. Hinsichtlich der Erklärung des „r" der inschriftlichen Überlieferung ver-
weise ich auf Jordan, Kritische Beiträge, Seite 93.

Ob die Adverbien inde, deinde, exinde, proinde,
perinde, subinde, unde, alicunde, sicunde, necunde,
quamde in ihrer letzten Silbe noch die alte nachgestellte
Praeposition de enthalten oder ein adverbiales Wortbildungssuffix, das vielleicht auf denselben Stamm zurück-
zuführen ist, ist nicht mit Sicherheit zu entscheiden.
Gegen die erste Annahme spricht namentlich der Umstand, dass das e stets kurz ist, sowie die Existenz
der Formen exin, proin, dein, von derselben Bedeutung
wie exinde, proinde, deinde, welche beweist, dass die
Endung de nichts Wesentliches zur Entwicklung der
Bedeutung beibringt. Andererseits lässt sich jedoch
nicht leugnen, dass eine derartige Schwächung des
langen ē im Auslaut nichts Ungewöhnliches ist; so das
ĕ der Adverbien in bene, male (andere Beispiele
Kühners, Ausführliche Grammatik d. lat. Sprache I,
S. 64, 5) und dass, da in jeder Praepositionalverbindung
die Praeposition nur die nähere Richtung der Beziehung
bezeichnet, welche durch den Casus ausgedrückt wird,

2*

bei derartigen Verallgemeinerungen, wie sie offenbar
bei diesen Ausdrücken stattgefunden haben, die Bedeutung der Praeposition natürlich zuerst verwischt
werden musste. Handelt es sich aber bei inde etc. wirklich um
die Praeposition de, so ist die Frage der Priorität von
inde etc. oder dein, exin, proin, immer noch davon abhängig, ob „in" in den beiderseitigen Formen identisch
ist und wir hier in den letzteren nicht vielmehr das
Adverbialsuffix im (vergl. exim) von partim, utrim, illim
etc. haben, welches wir oben als identisch mit der
umbrisch-oskischen Postposition en erkannt haben. Nachdem ich also auf die Möglichkeit hingewiesen habe, dass
auch in diesen Formen alte Praepositionalconstructionen
vorliegen könnten, verlasse ich das Gebiet sprachlicher
Petrefacte und wende mich zu den Nachwirkungen der
alten Stellung, welche wir noch im Leben der Sprache
verfolgen und fassen können.

Da ist zuerst ein weiterer Rest der alten postnominalen Stellung der Praepositionen erhalten in dem
Gebrauch, „cum" den Personalpronominibus me, te, se,
nobis, vobis nachzustellen. Hierzu haben wir aus dem
Altertum einen Erklärungsversuch bei Cicero: Orator 45, 154. Die Stelle lautet: „Quid illud non olet
unde sit, quod dicitur cum illis, cum autem nobis non
dicitur, sed nobiscum? Quia si ita diceretur, obscaenius
concurrerent litterae, ut etiam modo, nisi autem inter-
posuissem concurrissent; ex eo est mecum et tecum,
non cum me et cum te, ut esset simile illis nobiscum
atque vobiscum."

Diese sonderbare Begründung, welche ganz der
damaligen Art und Weise grammatischer Forschung ent-
spricht, — ich erinnere nur an Varros Etymologieen —
ist natürlich heutzutage nicht mehr aufrecht zu halten,
da eine einfache statistische Berechnung schon die Unmöglichkeit derselben einsehen lässt. Denn wie sollte

man an eine Analogiewirkung glauben, bei welcher der
bewegende Factor im Verhältnis zu der bewegten Masse
geradezu verschwindend erscheint. Unter den Beispielen,
die Holtze, Syntaxis prisc. script. lat., Seite 89—99,
aus Livius Andronicus, Ennius, Naevius, Plautus, Terenz,
Caecilius, Cato für den Gebrauch von cum aufführt,
findet sich nobiscum 3 ✕, vobiscum 1 ✕, secum 16 ✕,
tecum 57 ✕, mecum 51 ✕. Das Verhältnis also, in dem
der Gebrauch von nobiscum den übrigen Verbindungen
gegenüber in dieser Überlieferungsmasse steht und das
so ziemlich auch dem der damaligen Umgangssprache
entsprechen wird, ist also wie 3 : 125 oder 1 : 42; ein
Verhältnis, welches jeden von der Unmöglichkeit einer
derartigen Einwirkung überzeugen muss, ja vielmehr
jedem die unumstössliche Gewissheit aufdrängen wird,
dass die Ursache, hier die alte Stellung beizubehalten,
bei den einsilbigen Formen me, te, se zu suchen ist.
Nämlich gerade diese Formen sind es meiner Meinung
nach, welche durch ihre häufige Anwendung in der Umgangssprache sich als so feste Klangbilder dem Ohre
einprägten, dass jeder Versuch, die neue Wortstellung
auch bei ihnen in Anwendung zu bringen, — dass es
daran nicht gefehlt hat, zeigt die Stelle bei Priscian,
Inst. Gram. XII 28; Keil, p. 594 — an der Festig-
keit, mit welcher sie im Sprachbewusstsein hafteten,
scheitern musste.

Entschieden muss ich hier die Ansicht Rozeks,
Bemerkungen zu Ciceros Erklärung über nobiscum,
Zeitschrift f. österr. Gymn. 1869, p. 725, zurückweisen,
dass die Anteposition der Postposition an Alter überlegen
sei und der Gebrauch des mecum etc. auf griechischem
Einfluss beruhe.

Für mich folgt aus der von Priscian an der
oben erwähnten Stelle angeführten Thatsache, dass die
Alten neben mecum tecum, auch cum me, cum te gebraucht hätten, bei der doch unumstösslich nachgewiesenen

ursprünglichen Nachstellung aller Praepositionen in der
Ursprache und dem völligen Verschwinden von cum
me etc. aus dem Bereich der lat. Sprache, nur dass auch
hier die Neuerung versucht aber ohne Erfolg geblieben
ist. Auch Greef, der Philol. 32, S. 711 Anm. sich
gegen die griechische Einwirkung erklärt, hat sich nicht
von dem richtigen Verhältnis der ante- und postpositionalen
Stellung des cum überzeugen können, obwohl gerade
der Gegenstand seiner Abhandlung, die Verbindung des
cum mit dem Relativum, ihn fast mit Notwendigkeit
auf den richtigen Weg hätte leiten müssen.

Die Ablative der Relativ- und Fragepronomina quo,
qua, qui und quibus nämlich werden bekanntlich ebenfalls
mit dem nachfolgenden „cum" verbunden, jedoch nicht
mehr ohne Ausnahme in klassischer Zeit, während in nach-
klassischer Periode Nepos und Livius diese Stellung
völlig vermeiden. Dies ist in der Hauptsache das, was,
soweit es uns hier interessiert, von Greef a. a. O.
constatiert worden ist, ohne dass er daraus den doch
notwendiger Weise sich ergebenden Schluss der Priorität
der Postposition zieht. Dazu kommt, dass er auch nicht
den geringsten Versuch gemacht hat, den Grund für
die Änderung der Stellung zu suchen; sowie, dass bei
ihm die archaische Zeit sehr stiefmütterlich behandelt
und die veränderte syntactische Beziehung, welche seit
jener Zeit das Relativum angenommen hat, in keiner
Weise berücksichtigt ist. Vergl. zum folgenden: Petzold,
Beiträge zur historischen Syntax der lat. Sprache. Progr.
v. Waldenburg 1875.

In der archaischen Poesie wird cum stets dem
Relativum nachgestellt. So habe ich bei Plautus
folgende Beispiele gefunden:

Bacch. IV 4, 5 f. (645 f. R.): Nunc amanti ero, filio senis,
    Quicum ego bibo, quicum edo et amo;
Bacch. IV 8, 10 (851 R.): Vir hic est illius mulieris,
    quicum adcubat.

Bacch. IV 6, 34 f. (563 f. R.): meretricum aliarum
  Athenis copia,
  Quibuscum haberes rem.

Epid. II 2, 34 (218 R.): Et cum ea tibicinae ibant
  quattuor. P. Quicum Epidice?

Epid. II 2, 57 (241 R.): Dixit illi, quicum ipsa ibat.

Most. II 2, 86 (519 R.): Quicum istaec loquere?

Amph. (prol. 98 f.): Amphitruo, natus Argis ex Argo
  patre,
  Quicum Alcumenast nupta.

Amph. (prol. 114): Dum cum illa, quacum volt,
  voluptatem capit.

Stich. IV 1, 41, 42 (547 R.): Ego tibi meam filiam bene
  quicum cubitares dedi;
  Nunc mihi reddi ego aequom esse abs te quicum
  cubitem censeo.

Stich. IV 2, 47 (627 R.): Quicumvis depugno multo
  facilius, quam cum fame.

Men. II 3, 18 (369 R.): Quicum haec mulier loquitur?

Merc. V 2, 65 (904 R.): Quid tua refert, quicum istuc
  venerit?

Truc. I 2, 51 (152 R.): Sed utriscum res esse mavis?

Ebenso ist auch bei Terenz cum stets den Relativ-
und Fragepronominibus nachgestellt.

Phorm. I 3, 19: Quod si tibi res sit cumeo lenone
  quocum mihi.

Phorm. V 1, 31 f.: offendi advenieus;
  Quicum volebam et ut volebam conlocatam gnatam.

Eun. IV 4, 31: Quicum? Do. Cum Parmenone.

Eun. IV 6, 21: Quicum res tibi est, peregrinus est.

Eun. I 2, 39: Ego cum illo, quocum tum uno rem
  habebam, hospite.

Heaut. tim. I 2, 4: Quicum loquitur filius?

Heauttim. II 4, 8: nos, quibuscum est res, non sinunt.

„   „ III 4, 1: Nisi me animus fallit, hic profecto
est anulus, quem ego suspicor;
Is quicum exposita est gnata.

Hecyra IV 1, 39: Nam si is posset ab ea se derepente
avellere,
Quacum tot consuesset annos ....
In den Ennianischen Fragmenten findet sich:
Annal. v. 303 (L. Müller): Quocum multa volup et
gaudia clamque palamque.

In allen diesen Beispielen ist das Pronomen durchaus substantivisch gebraucht. Auch Terenz Eun. I 2, 39
fasse ich so auf und nehme „hospite" als Apposition zu quo.

Paetzold hat a. a. O. meiner Meinung nach
an der Hand der älteren Inschriften sowie aus Catos
Schriften und den sonstigen prosaischen Resten und
denen der archaischen Dichter nachgewiesen, dass das
spätere lateinische Relativum aus dem adjectivischen
Fragepronomen unter Anwendung der Correlation ursprünglich von Frage und Antwort entstanden ist. Dass
aber auch ursprünglich in gleicher Weise das substantivische Interrogativum mit beteiligt war, zeigt
sich bei der Verbindung mit cum noch auf mancherlei
Weise. Erstens führt darauf das bei Plautus und
Terenz stark hervortretende „quicum", sodann aber
der Umstand, dass die sonst bei Relativpronominibus
so häufige Stellung der Praeposition zwischen Attribut
und Substantivum, bei cum in archaischer Zeit völlig
vermieden ist, und dass bei den seltenen Beispielen aus
klassischer Zeit

Lucr. II 166: qua quicque geratur cum ratione,
Cic. pro P. Sestio 10, 24: et quod videbam, quibus
cum hominibus in interiore parte aedium viveret, ...
Cic. Phil. V 10, 26: Nemo quaeret, quibus cum mandatis legatos miserimus ....

„cum" durch Stellung oder Betonung aus dem enclitischen Abhängigkeitsverhältnis heraustritt. Dadurch ist, wie ich glaube, bewiesen, dass das cum ursprünglich enclitisch nur an die substantivischen Formen sich anschloss, und dass, als diese zu Gunsten der adjectivischen mehr und mehr zurücktraten, auch die neue Stellung damit mehr und mehr durchdrang. Diese Ansicht findet auch noch darin eine Unterstützung, dass in fast allen Fällen, in denen cum dem Relativum folgt, durch dasselbe Personen bezeichnet werden. Die alte Prosa, wie sie durch Cato und die älteren Inschriften repraesentiert wird, verwendet fast ausnahmslos das Relativum in der adjectivischen Form in Verbindung mit einem Substantivum; namentlich aber vermeidet sie, ein alleinstehendes Relativum mit einer Praeposition zu verbinden.

Daher ist auch Keils Conjectur zu Cato 96, 1: „aquam in qua lupinus deferverit" ziemlich unwahrscheinlich neben der sonst üblichen Ausdrucksweise. Vergl. 136 qua ex parte politori pars est eam partem . . . 16, 3 in quo loco posturus eris, terram bene subigito . . . . und die ähnlichen Stellen 6, 4; 35, 2; 141, 1.

Darnach könnte hier, wenn der Gedanke sonst richtig ist, wohl gestanden haben: in qua aqua oder qua in aqua lupinus deferverit; wahrscheinlicher aber ist, dass auch hier in mit dem Accus. construiert war gegen den späteren Sprachgebrauch, wie es ja auch an den Stellen 34, 1, 46, 4, 46, 5, 52, 20, 65, 18 geschehen ist (vergl. C. Schöndörfer, de genuina Catonis de agricultura libri forma. Pars I, Seite 31), so dass hier zu schreiben ist „in quam aquam lupinus deferverit". Durch diese Schreibung erklärt sich auch am leichtesten die Entstehung der Corruptel.

Nur wenn das Relativum eine Person bezeichnet, sei es, dass dieselbe vorher genannt ist oder aus der Allgemeinheit durch das Pronomen als Beispiel hervorgehoben wird, gestattet die alte Prosa ausnahmsweise die Verbindung des alleinstehenden Relativums mit einer Praeposition, so: C. J. L. I 198, 2 $\times$ pr. ad quem. Meistens wird statt des praepositionalen Ausdrucks ein Adverb, unde, ubi, oder quo gebraucht.

So: C. J. L. 1, 198$_6$: Is eum unde petet in ious ed (ucito).

198$_{26}$: Is unde petitum erit,

is unde petetur,

ähnlich 198$_{27}$, $_{68}$.

198$_{56}$: sitellamque.... altam digitos XX, quo judices sorticulas conjeciant.

200$_{24}$: pro eo loco, quo coloniam deduxit.

200$_{98}$: diem deicito, ub (ei) perfectum siet.

Plaut. Men. II 1, 12 (237 R.): Orasque Italicas ómneis, qua adgreditur mare.

(Nach Schoell hat A vielleicht quo.)

Rud. Prol. 77: Ad villam..., exul ubi habitat senex.

Andere Beispiele siehe in Kühners Ausf. Gramm. d. lat. Spr., B. II 844.

Sodann aber auch, wenn durch das Pronomen ein neutrales Verhältnis ausgedrückt wird, ist diese Verbindung gestattet und zwar mit nachfolgender Praeposition. Auf diesem Wege entstanden die Conjunctionen quoad (die von Afranius versuchte Neubildung ad quo b. Ribbeck, frag. v. 249, 278, dringt nicht durch), quodcirca C. J. L. I 198, quocirca C. J. L. I 205, $_{193}$, quo circa $_{104}$, $_{108}$, quapropter, quatenus.

Die archaische poëtische Sprache hat übrigens bei derartigen Verbindungen noch fast durchgehends die Anastrophe resp. die alte Stellung der Praepositionen angewandt, doch ist von Plautus bis Terenz schon eine bedeutende Abnahme derselben zu constatieren.

Bei Plautus finden wir:

Asin I 1, 105 f. (118 R.): Non esse servos pejor hoc quisquam potest;

Nec magis vorsutus nec quo ab caveas aegrius.

A sin II 3, 17 (397 R.): Qui pro istuc?

A sin IV 19 (764 R.): ni in quatriduo

Abalienavit, quo ex argentum acceperit.

Dieser Stelle ist jedoch eine unmittelbare Beweis-
kraft nicht zuzulegen, da hier „quo ex" erst durch
Conjectur aus den handschriftlichen Lesarten quo exte,
E. J., quod ex te E.[3], F. Z. quo abste B. D. quod abs
te Nonius, hergestellt worden ist.

Poen. prol. 13: exerce vocem, quam per vivis et colis.

Epid. II 1, 4 (170 R.): eam, qua ex tibi commemores
hanc.

Namentlich häufig aber finden sich bei Plautus
so zweisilbige Praepositionen dem Relativum nachgestellt.

Merc. IV 4, 11 f. (751 f. R.): illi . . . .
Quos inter judex datu's.

Trin. IV 1, 3 (822 R.): Quos penes mei fuit potestas.

Truc. IV 4, 5 (858 R.): Vidi audivi, quam penes est
mea omnis res et liberi.

Poen. V 4, 15 (1188 R.): Quem penes opes vitae sunt
hominum.

Amph. II 2, 21 (652 R.): omnia adsunt
Bona, quem penest virtus.

Truc. I 1, 3 f. (24 f. R.): Venus,
Quam penes amantum summa summarum redit.

Bacch. IV 9, 108 f.: ab hac . . . quam propter.

Rud. II 6, 12: te . . . Quem propter hoc mihi optigit.

Truc. II 4, 37 (391 R.): Quem propter, nach der
sicheren Conjectur Bugges aus der handschriftlichen Überlieferung Que propter B. Que propter
C. D. F. Quapropter L., S. Jahrbücher f. Phil.,
B. 107, S. 409.

Aul. IV 10, 56 f. (785 f. R.): Ut illam di . . . . perduint,
Quem propter hodie auri tantum perdidi infelix
miser.

Amph. IV 1, 8 (1016 R.): Quis fuerit quem propter.

Trin. V 2, 40 (1164 R.): Res, quas propter.

Mit vorausgehender Praeposition habe ich nur gefunden:

Men. II 2, 69 f. (344 f. R.): navis praedatoria
Abs qua cavendum nobis sane censeo.

Poen. V 4, 14 (1187 R.): per quem vivimus.

Bei Terenz finden wir dagegen nur noch das eine Beispiel:

Phorm III 2, 38, est olim dies
Quam ad dares huic praestituta.

Deshalb nahm hieran auch Bentley Anstoss, welcher „quoad" schreiben wollte. Vielleicht liesse sich hier das für Varro von Lachmann, zu Lukrez Seite 331 und Keil in seiner Ausgabe der landwirtschaftlichen Schriften Catos und Varros Bd. II 2, Seite 5 hergestellte quaad einsetzen.

Auch die zweisilbigen Praepositionen treten bei Terenz stets vor das Relativum, abgesehen natürlich von den zu Conjunctionen erstarrten Verbindungen wie quapropter. Wir dürfen daraus auch wohl schliessen, dass die Anastrophe der Praepositionen beim Relativum der Sprache der Gasse und des alltäglichen Lebens angehörte, der feingebildete Kreis der Scipionen aber und sein litterarischer Vertreter Terenz auch hier die neue korrekte Wortfolge zur Herrschaft zu bringen suchte, ohne freilich in diesem Punkte grosse Erfolge zu erzielen.

Einsilbige Praepositionen dem Relativum nachzustellen wird freilich sowohl von den Dichtern als auch von den Prosaisten der klassischen Zeit im ganzen vermieden. Ausnahmen machen nur Lucrez mit: qua de disserere adgredior IV 940 und quibus e III 839, V 949, III 865, III 375, der ja auch sonst den alten Stil liebt, und die von Cornificius und Cicero aus der Juristensprache übernommenen Ausdrücke quo de und qua de, welche aber meiner Meinung nach als Ellipsen aufzufassen sind.

Ausserdem ist bei Cicero, de lege agraria II 30, 87,
in der besten Handschrift, dem Erfurter Codex, quem
per überliefert. Die ganze Stelle lautet: „Quem agrum
nunc praetereuntes vestrum esse dicitis, et quem per
iter qui faciunt externi homines, vestrum esse audiunt,
is cum erit divisus, neque erit neque vester esse dice-
tur." Hier ist die Anastrophe aus dem bestimmten
Grunde‧gewählt, weil sonst das „quem", welches doch
den logischen Hauptnachdruck trägt, im sprachlichen
Ausdruck an die schwächst betonte Stelle des Satzes
geraten würde. Gemildert wird aber ausserdem das
Ungewöhnliche des Ausdrucks noch dadurch, dass hier
„agrum" leicht aus dem ersten Gliede ergänzt wird, so
dass quem per als Ellipse der gemeingebräuchlichen
Construction quem per agrum erscheint. Übrigens ist,
wie ich glaube, quo de und qua de nur für Ciceros
Jugendschrift De inventione und erste Reden anzuerkennen, dagegen halte ich die Formen in der Schrift
De oratore 1, 48, 209 nicht für erlaubt, zumal die
Handschriften hier nicht übereinstimmen.

Dagegen gewinnt die Nachstellung zweisilbiger
Praepositionen nach dem Relativum auch in der Prosa
mehr und mehr Eingang. Das älteste Beispiel hierfür
in Prosa, abgesehen natürlich von den zu Conjunctionen
erstarrten Ausdrücken, ist bei Cornelius Sisenna
Historic. Roman. fragm. coll. disp. rec. H. Peter,
Leipz. 1883, pag. 186, Nr. 107: Puppis aceto made-
factis centonibus integuntur, quos supra perpetua classi
suspensa cilicia obtenduntur.

Cornificius bietet kein Beispiel. Caesar gebraucht nur inter in dieser Stellung. B. G. 6, 36, 2:
quas inter et castra. B. G. 7, 32, 2: senatum et quos
inter controversia esset.

Auch Nepos bietet nur ein Beispiel, Chabrias 3, 1:
Athenienses diem certam Chabriae praestituerunt, quam

ante nisi domum rediisset, capitis se illum damnaturos denuntiarent.

Ebenso habe ich auch bei Varro nur das eine Beispiel de ling. lat. 7, 31 gefunden: Ambiegna bos apud augures, quam circum aliae hostiae constituuntur.

Cicero hat in einer grossen Anzahl von Fällen diese Stellung angewendet. Siehe das Verzeichnis derselben bei Neue lat. Formenlehre II² 791.

Fragen wir nun aber nach dem Grunde, weshalb diese Nachstellung der zweisilbigen Praepositionen nach dem Relativum sich erhält, so ist es klar, dass derselbe in der Natur des Pronomens liegt, welches seiner Beziehung auf einen vorher genannten Gegenstand gemäss die erste Stelle im Satze zu erlangen trachtete und ungern zu Gunsten längerer mehrsilbiger Worte von diesem Platze wich.

Ebenso ist aus der Natur der Pronomina zu erklären der Gebrauch, die zweisilbigen und mehrsilbigen Praepositionen den einsilbigen Formen der Personal- und Demonstrativpronomina nachzusetzen. Aus Plautus liesse sich hierfür eine Unzahl von Beispielen beibringen. Ich füge hier nur eine Reihe von Beispielen an, in denen sich, wie mir scheint, noch deutlich der Grund für die Erhaltung der alten Stellung zeigt.

Pers. II 2, 18 (200 R.): quae med advorsum incedit.

Trin. V 2, 21 f. (1145 f. R.): thensaurum tuum Me esse penes.

Aul. IV 4, 27 (654 R.): Neque tui me quicquam invenisti penes.

Asin. I 1, 5 (20 R.): Si quid tu med erga hodie falsum dixeris.

Capt. II 1, 48 (245 R.): per mei te erga bonitatem patris.

Wie nämlich von Wackernagel in seinem Aufsatz: „Ein altes Stellungsgesetz der indogermanischen Sprache" im 1. Bande der indogermanischen Forschungen S. 333 ff.

nachgewiesen ist, streben die enclitischen Worte möglichst
an die zweite und dritte Stelle des Satzes zu treten.
Zu diesen gehören aber ganz entschieden die einsilbigen Formen der Personal- und Demonstrativpronomen,
und so erklärt es sich, dass zu Gunsten derselben,
namentlich wenn zwei solche Pronominalformen im Satze
enthalten sind, wie in den Beispielen Capt. II 48 (241 R.),
Aul. IV 4, 27 (654 R.) die zu schweren zwei- und mehrsilbigen Praepositionen zurücktreten.

Dieser Gebrauch, der übrigens fast auschliesslich
der Sprache der Dichter angehört, ist bei Terenz bei
weitem nicht mehr in dem Umfange anzutreffen als in
den plautinischen Comoedien, jedoch geht derselbe in
der Dichtersprache ununterbrochen weiter. So haben
wir in den Fragmenten des Pacuvius (Ribbeck,
poet. scaen. r. fr.)

298: Pariter te esse erga illum video ut illum ted
erga.

Accius 175, te propter.

Lucrez beschränkt sich bei der Anwendung dieser
Stellung nicht mehr auf die einsilbigen Formen der
Pronomina, sondern greift auch auf die mehrsilbigen über,

so: V 708: eum contra,
IV 484: eos contra,
IV 785: eas supter,

ohne dass er jedoch hierin bei den späteren Dichtern
Nachahmung fände.

In der Prosa hat diese Stellungsweise eigentlich
nur in den conjunctionalen Wendungen idcirco und
hacpropter (letzteres nur einmal bei Varro, Roth, hist.
Rom. fragm., Seite 431 Nr. 62) Eingang gefunden. Ganz
vereinzelt taucht der Gebrauch auf bei Cornelius
Nepos, der Paus. IV 4, Hanc juxta und Conon. II 2 und
Timoth. IV 3 hunc. adversus bietet. Cicero und Caesar
vermeiden denselben in Prosa völlig.

Ersterer hat „Hunc circum" und „Has inter"
N. D. 2, 41, 105 und 2, 41, 106, letzeres in einem Verse,
ersteres in einem Zusammenhange, der die direkte
Herübernahme aus einem Verse wahrscheinlich macht.
Ist die Nachstellung einsilbiger Praepositionen nach
Relativpronominibus schon sehr selten und in klassischer
Prosa nur mit Vorsicht aufzunehmen, so ist es in
noch viel höherem Grade bedenklich, dieselbe nach
einem Demonstrativum anzuerkennen, zumal da der
Fall ganz vereinzelt steht. Ich meine hier die Stelle:
Cicero, Tusc. II 15. Hier geben die codd. hunc post,
und so nehmen es sämmtliche Herausgeber auch an-
standslos auf, obwohl meiner Meinung nach gar kein
Zweifel daran sein kann, dass das hunc müssiger Zusatz
eines superklugen Abschreibers ist. Wir haben hier
doch ohne Zweifel eine Aufzählung, deren einzelne
Glieder das erste durch „primum", das zweite durch
„deinde", das vierte zusammenfassend durch „ceteri" eingeleitet sind. Streichen wir also das gänzlich über-
flüssige „hunc", so erhalten wir auch für das dritte
Glied die passendste und von Cicero und anderen auch
sonst häufig gebrauchte Einleitung des Gliedes durch
post (siehe Cic. Brut. 88, 301. Acad. 2, 49) und vermeiden dadurch zugleich Cicero einen Soloecismus
zuzuschreiben, der in der poëtischen und prosaischen
Sprache gleich unerträglich sein würde. Nicht unmög-
lich ist es übrigens, dass das hunc aus einem tunc ver-
dorben, also das dritte Glied durch tunc post eingeleitet
wäre. Ich ziehe jedoch die erstere Annahme vor, da
tunc post erst in der silbernen Latinität gebräuchlich ist.

Zu den Formen hacpropter, hactenus tauchen in
der archaistischen Litteratur die Nebenformen eapropter
und eatenus auf, vermutlich auf Grund der Beobachtung,
dass Lucrez, der jenen Schriftstellern ja als Fund-
grube archaischen Lateins gilt, IV, 337, eapropter gebildet hat. Auch bei Pomponius Ribbeck, fr. com.

rom. 82 findet sich diese Form, doch beweist wohl der Umstand die sprachliche Gesetzwidrigkeit ihrer Bildung, dass dieselbe später in klassischer Zeit weder in Poësie noch Prosa sich findet.

Eatenus, dessen Bildung hier eigentlich nicht erörtert zu werden braucht, da tenus bis zur klassischen Zeit hin als eigentliche Praeposition nicht zu rechnen ist, findet sich erst von Cicero an.

Ich wende mich nun zu der Nachstellung der Praepositionen beim Substantivum und zwar zunächst beim alleinstehenden Substantivum ohne Attribut.

Dieser Gebrauch ist beim Eintritt der lateinischen Sprache völlig überwunden; weder Livius Andronicus, noch Ennius, noch Terenz, noch Cato oder die älteren Inschriften geben uns ein Beispiel desselben, abgesehen von den Verbindungen mit clam, welches aber in dieser Periode schon dadurch, dass es mit den verschiedensten Casus zusammentritt, seine adverbiale Natur offenbart. Nur ein zweimaliges „amicum erga" steht bei Plautus: Trinum V 2, 2 (1126 R.) und V 2, 4 (1128 R.). Ich führe hier die ganze Stelle nach der Ritschl'schen Fassung an: Charm:

Néque fuit neque erít neque esse quemquam hóminem
in terrad árbitror.

Quóius fides fidélitasque amícum erga aequiperet
tuam.

Nam éxaedificavísset me ex his áedibus apsque té
foret.

Call. Sí quid amicum ergá bene feci aut cónsului
fidéliter.

Non videor meruisse laudem etc.

Ohne Zweifel will Plautus hier folgenden Gedanken Ausdruck geben: „Es giebt, es gab und wird niemanden geben", nun entweder wie Ritschl wollte, „der an Treue dir gleichkommt", oder wie mir scheint,

„der einen treueren Freund hat als ich". Ritschl hat richtig erkannt, dass das handschriftliche suum am Ende von Vers 2 falsch ist. Dann ist dasselbe aber durch amicum erga hervorgerufen, und wir erhalten somit einen Verdachtsgrund gegen diesen Ausdruck, der durch die Singularität desselben nur an Wahrscheinlichkeit gewinnt. Denn abgesehen von dem (Vers 4) folgenden amicum erga, das, wie wir bald sehen werden, auch durch leichte Änderung zum Vorteile des Gedankenzusammenhanges und auf Grund des Plautinischen Sprachgebrauchs fortgeschafft werden kann, ist in archaischer Zeit bei Plautus und seinen Zeitgenossen eine derartige Wortstellung der Praeposition nach dem Nomen nicht anzutreffen.

Dieses alles veranlasst mich also, die offenbar in der handschriftlichen Überlieferung, abgesehen von dem suum, noch verborgene Corruptel in amicum erga zu suchen. Ritschl wollte dieselbe in dem Dativ quoi finden und änderte dieses deshalb in quoius; Bücheler erklärte quoi für einen alten Genitiv. Diese Änderungen und Erklärungen gehen darauf hinaus, dem Ausdruck „fides fidelitasque amicum erga" gewissermassen ein logisches Subject zu geben.

Ich möchte daher aus dem amicum erga zu fides fidelitasque einen Genitivus subjectivus amici ziehen und dann den Rest zu einem me erga ergänzen. Der Vers würde also folgendermassen lauten:

> Quoí fides fidélitasque amicí me erga aequiperét
> tuam;

und so zu verbinden sein:

> Neque fuit .... quoi amici fides fidelitasque aequi-
> peret tuam erga me scl. fidem fidelitatemque.

Wir müssen damit freilich die anapästische Messung ămĭcĭ zugeben, die C. F. W. Müller, Plautinische Prosodie S. 266 f., bestreitet. Aber die kurze Messung des i in amĭci, amĭcitiae ist doch in einer solchen Anzahl von

handschriftlichen Belegen überliefert (s. M ü l l e r a. a. O.),
dass es nicht wohl angeht, dieselbe überall durch Conjectur beseitigen zu wollen. Müssen wir aber diese
Messung an anderen Stellen somit zugeben, so kann es
auch nicht verwehrt sein, dieselbe hier einzufügen, zumal
wir dadurch auch den Grund für die spätere Änderung
des Verses kennen lernen.

Das zweite amicum erga hätte aber schon längst in
Rücksicht auf den Plautinischen Sprachgebrauch beseitigt
werden sollen, da P l a u t u s sonst überall benefacere (so-
wie auch male facere) nur mit dem Dativ construiert. Vergl.
T r i n. II, 2, 66 (347 R.): Bene si amico feceris.
P o e n. III 3, 22 (635 R.): Malo siquid bene facias.
M i l. glor. V 26 (1419 R.): Di tibi bene faciant.
A s i n. V Grex. 3 (944 R.): Nec quisquamst... quin...
sibi faciat bene.
Meiner Meinung nach ist an dieser Stelle zu
schreiben:
Si quid amico ego bene feci aut consului fideliter,
Non videor meruisse laudem etc.
und ist dies zweite amicum ergo eine Folge der vor-
herigen Corruptel. Damit ist aber die ganze archaische
Dichtersprache von diesem Gebrauch befreit, ebenso wie
die archaische und klassische Prosa von diesem Gebrauche
frei ist.

Dagegen taucht derselbe in der poëtischen Sprache
seit L u k r e z plötzlich auf und zwar bei diesem Dichter
gleich in ziemlich bedeutendem Umfange.

Bei ihm finden wir nach H o l z e, Syntaxis Lucret.
lineam. folgende Beispiele: I 841: ignibus ex, I 316: portas
propter, I 937: pocula circum, II 903 variis ex, III 141: haec
loca circum, III 220: littora circum, IV 398: lapides
inter, IV 597: haec loca per, IV 223: cum mare versamur propter, IV 78 u. 447: subdita subter, IV 181: alias
super, V 31: Thracam Bistoniasque plagas atque Ismara
propter, V 623: terram sidera propter, VI 549: viam

propter, VI 926: littora propter, VI 1189: viam per, VI 929: mare versamur propter, II 1010: aeterna penes. Es drängt sich uns nun die Frage auf, woher Lukrez diesen aus der Sprache seiner Zeit völlig verbannten Gebrauch genommen haben mag. Wenn ich nun auch nicht der Meinung bin, dass man bei den Römern der ausgehenden Republik überall den griechischen Einfluss als etwas Selbstverständliches anzunehmen hat, so liegt es meiner Meinung nach hier klar auf der Hand, dass Lukrez die in der Umgangssprache seiner Zeit übliche Construction der Pronomina, die, wie wir oben sahen, ihren Grund in der Natur derselben hat, infolge griechischgrammatischer Studien und Beobachtung des gleichen Gebrauchs bei den griechischen Tragikern und den gelehrten alexandrinischen Dichtern auf die Construction der Substantiva übertrug. Er selbst freilich liess auch die einsilbigen Praepositionen „in, ex, per" zu dieser Stellung zu, die späteren Dichter aber, welche seinem Beispiel folgen, Ovid, Vergil, Horaz und Tibull (Catull und Properz haben diese Stellung nicht), halten sich völlig an die alexandrische Regel, nur zweisilbige Praepositionen zu derselben zuzulassen. Wir werden diesen Einfluss alexandrischer Kunstregeln bei den römischen Dichtern seit Lukrez noch öfter antreffen.

Von Ennius sagt Cicero, Orat. 11, 36: „Ennio delector", ait quispiam, „quod non discedit a communi more verborum."

Wir haben hier ein Zeugnis über die Sprache des Ennius, welches wir bei der Bestimmtheit, mit welcher es ausgesprochen wird, auf keine Weise anzweifeln dürfen und müssen sonach den Zustand der Sprache, welchen wir in seinen Fragmenten finden, als mit der damals üblichen Umgangssprache übereinstimmend erklären, und es kann daran auch meiner Meinung nach der Umstand nichts ändern, dass E. in dem bekannten „cere comminuit brum" A. v. 553 (L. Müller) offenbar

in ungeschickter Weise die griechische Tmesis nachzu-
ahmen sucht, vielmehr beweisst mir grade das Misslingen
dieses Versuches, dass wir nicht viel vom griechischen
Einfluss bei ihm zu fürchten haben. Wenn wir also
bei Ennius mehrfach die Stellung „Substantiv, Praeposition, Adjectiv" finden, so z. B. Ennius (L. Müller),
Ann. 188: arbusta per alta,
     407: aetate in agunda,
     467: crateris ex auratis,
     562: aequore in alto,
     603: ipsius armentas ad easdem,
     404: isque Hellesponto pontem contendit
       in alto,
  Fab. 378: nocte in obscura,
     419: ore in ardente,
so können wir das als einen Beweis dafür ansehen,
dass zu seiner Zeit diese Stellung in der Umgangssprache noch geläufig war. Auch Plautus hat dieselbe
verschiedentlich angewendet.

Epid. V 2, 16 (681 R.): oculis concessi a tuis,

Asin. I 3, 35 (187 R.): damno cum magno meo,

Pseud. I 2, 41 (174 R.): viris cum summis,

Asin. I, 2, 4 (130 R.): Malo cum tuo,

Epid. III 4, 79 (516 R.): Flagitio cum majore,

Men. V 2, 85 (839 R.): aetate in sua,

Stich. I 1, 12 (12 R.): civibus ex omnibus,

Pseud. I 2, 59 (193 R.): Lenone ex Ballione,

Pers. IV 4, 58 (610 R.): Ut rem esse in nostram putas.

Auch in einer Scipioneninschrift C. J. L. I 34 finden
wir ein Beispiel: aetate quom parva, ebenso bei Naevius
(Müller, Ennius, Anh. frag. 8): lacrimis cum multis.

In allen diesen Fällen handelt es sich um einsilbige Praepositionen, welche mit dem Adjectivum resp.
dem Pronomen zusammen, mit denen sie, wie die In-

schriften zeigen, häufig so eng zusammenwuchsen, dass sie zusammengeschrieben wurden (siehe die Beispiele C. J. L. I.

199, 31: demajore parte,

elog. 23: desacro monte,

199, 33 incetero agro,

und zahlreiche andere, in denen die Pronomina eum, eo, ea, eis, mit, ad, in, ex, de, a verbunden sind), bei der Nachstellung derselben mit hinter das Substantivum gezogen wurden. Dass die Empfindung diese war, zeigen Beispiele wie die oben angeführten: Enn. Ann. fr. 404, Plaut. Epid. V 2, 16, Pers. IV 4, 58, bei welchen die nachgestellte Verbindung Praep. Adj. von dem Substantivum durch das dazwischen tretende Verbum getrennt ist. Dass dagegen die nachgestellte Praeposition unter Anschluss an das vorausgehende Substantivum von dem folgenden Adjectivum durch dazwischentretende Worte getrennt wird, dafür ist mir nirgends ein Beispiel aufgestossen. Sind aber in archaischer Zeit nur die einsilbigen Praepositionen zu dieser Stellung zugelassen, so schafft auch hierin zuerst Lukrez Wandel, der jedenfalls mit Rücksicht auf den griechischen Dichtergebrauch auch die zweisilbigen Praepositionen an dieser Stellung teil nehmen lässt; die späteren Dichter folgen seinem Beispiel. Als Belege führe ich an:

Aus Lukrez:

VI 1210: umore sine ullo,

III 353: manifestas res contra verasque,

VI 515: igni cera super calido tabescens,

Catull, 68[b] 109: Pheneum prope Cylleneum,

Vergil Aen. 12, 638: vidi oculos ante ipse meos.

Jedoch ist dieser Gebrauch verhältnismässig sehr selten. So hat Horaz z. B. denselben nicht ein einziges Mal angewendet.

Wie ich oben glaube erwiesen zu haben, hat diese
Wortstellung also ihren Ursprung in der Verdrängung
des Adjectivums resp. Pronomens aus seiner ursprünglichen Stellung, indem dieses zugleich die mit ihm gewissermassen durch Proclisis verbundenen, einsilbigen
Praepositionen mit sich zieht. Daraus folgt aber auch
zugleich, dass diese Ausdrucksweise so zu sagen den
Eindruck des Voreiligen und Unüberlegten an sich hat,
und somit ist es begreiflich, dass Terenz, der seine
Sprache nach der des vornehmen Scipionenkreises
bildet, dieselbe völlig gemieden hat; und desbalb ist
auch Heaut. III 1, 96 in re nostra mit A. D. E. G. P.
zu schreiben. Auch der attributive Genitiv nimmt bei
den classischen Dichtern in die Stellung nach dem
Nomen häufig die Praeposition mit hinüber. Aus der
archaischen Zeit ist nur das eine bekannte plautinische
Beispiel anzuführen: Quanam ab illarum.

Wenn mehrere Substantive mit derselben Praeposition
construiert werden, so ist es in der älteren Sprache das
Gewöhnliche, jedes derselben mit der Praeposition zu
versehen und die einzelnen Glieder durch que oder et
zu verbinden oder asyndetisch neben einander zu stellen.

Durch que sind die Glieder verbunden:

Bacch. IV 9, 6 (930 R.): sine classe sineque exercitu;
Merc. IV 4, 54 (794 R.): Tua cum amica cumque
amationibus.
Curc. I 1, 2 (2 R.): Cum istoc ornatu cumque hac
pompa;
durch et:
Bacch. IV 7, 29 (827 R.): Quanto in periclo et quanta
in pernicie siet.
Unverbunden sind die Glieder:
Trin. II 4, 176 (579 R.): abi huc ad meam sororem,
ad Calliclem.

Zuweilen erhält jedoch nur das erste Glied die
Praeposition, so:

Bacch. III 1, 11 (378 R.): Ad probrum, damnum, flagitium.

Bacch. III 3, 27 (431 R.): Inde de hippodromo et palaestra.

Ebenso ist es bei Terenz. Der Gebrauch, die Praeposition dem ersten Gliede nachzustellen, findet sich zuerst bei Accius.

Ribbec. fr. scaen. rom. 178 pecua inter atque colles; dann bei Lucilius (ed. Müller):

X 2 fluctibus a ventisque adversis.

Von Lukrez an werden die Beispiele für diese Stellung ausserordentlich häufig.

Z. B. finden wir im 6. Buche:

v. 110: malos inter jactata trabesque,

v. 1160: noctem per saepe diemque,

v. 1210: manibus sine nonnulli pedibusque manebant.

IV 1026: Lacum propter se ac dolia curta, kommt noch hinzu, dass durch die Stellung eine gewisse Zweideutigkeit der Beziehung beabsichtigt erscheint, wie dies bei den alexandrinischen Poeten und ihren römischen Nachahmern so häufig ist. Aber auch zum zweiten Gliede zieht Lukrez die Praeposition, z. B.:

IV 147: sed ubi aspera saxa
        aut in materiam ligni pervenit.

Beide Stellungsarten finden wir auch bei Catull vertreten.

33, 5: Cur non exilium malasque in oras Itis?

7, 5 f.: Oraclum Jovis inter aestuosi
         Et Batti veteris sacrum sepulcrum.

Aus Horaz führe ich folgende Beispiele an:

Epist. I 4, 12: timores inter et iras,

Epod. 7, 3; Parumne campis atque Neptuno super.

        Fusum est Latini sanguinis?

Ebenso liessen sich auch aus Ovid, Vergil und den übrigen Dichtern zahlreiche Beispiele dieser Stellung beibringen. In Prosa verwendet dieselbe zuerst Caesar,

B. G. 6, 36, 2: Quas inter et castra colles... erant.
B. C. 3, 6, 3: Saxa inter et alia loca periculosa.
Da bei den übrigen gleichzeitigen Prosaikern,
Cicero, Sallust, Nepos, Varro, sich dieser Ge-
brauch nicht findet, so liegt es nahe hier an eine per-
sönliche Vorliebe Caesars zu denken, gerade das
Wort inter zur stärkeren Hervorhebung seiner Be-
deutung an den derselben angemessenen Platz zu stellen.
Livius und Tacitus haben dann natürlich diese
Wortstellung auch bei anderen zweisilbigen Praepositionen,
coram, super, propter, und in bei weitem grösserem Umfange angewendet.

Die Wortfolge Attribut, Praeposition, Substantivum,
zu der ich nunmehr übergehe, ist jedenfalls nächst der
gewöhnlichen, bei welcher auf die Praeposition die
nominale Verbindung entweder in der Reihenfolge Attribut,
Substantivum oder umgekehrt folgt, die verbreitetste und
hat sowohl in der Prosa wie in der poetischen Sprache
ihren Platz. Gleichwohl erfährt auch sie im Laufe der
Entwicklung ihre Veränderungen.

Sowie sie nämlich uns in der archaischen Sprache
entgegentritt, enthält sie, wie ich zeigen zu können
glaube, noch einen bemerkenswerten Rest der alten
postpositionalen Stellung der Praepositionen. Wir sahen
oben, dass in den italischen Dialecten bei den Praepositionen, welche sonst nur in postnominaler Stellung
auftreten, sobald ein Pronomen oder Adjectivum dem
Substantivum vorhergeht, der gewönliche Gebrauch der
ist, dem ersten Teile der nominalen Verbindung, dem
Pronomen oder Adjectivum, die Praeposition anzuhängen.
Ich erinnere an die Beispiele: tuvere kapiđus, testre e
uze, etrama spanti, tertiama spanti, testruku peđi, nertruku perđi, esunesku vepurus und andere. Nur ausnahmsweise erhält das an zweiter Stelle stehende Substantivum die Praeposition angehängt, niemals aber das
an zweiter Stelle stehende Adjectivum oder Pronomen.

Hieraus darf man, glaube ich, den Schluss ziehen, dass
auf italischem Boden die Praepositionen — selbstverständlich spreche ich hier nur von den einsilbigen mit
kurzem Vokal — sich dem ersten Gliede einer nominalen
Verbindung mit Vorliebe anzuhängen pflegten. So kam
dann, da ursprünglich die Attribute ihre Stellung vor
dem Substantivum haben (vergl. Delbrück, Synt.
Forschungen IV 150), als die bei einer derartigen Verbindung üblichste Stellung die Zwischenstellung der
Praeposition heraus.

Den zwingenden Beweis, dass dieser Entwicklungsgang bei derselben anzunehmen ist, giebt der Umstand,
dass im Gegensatz zu der Wortfolge „Substantivum,
Praeposition, Adjectivum", bei der, wie wir sahen, es
nicht mehr erlaubt war, die einsilbigen Praepositionen
an das Substantivum näher anzuschliessen und von dem
folgenden Adjectivum durch andere Satzteile zu trennen,
hier vielmehr ein Anschluss der Praeposition an das
vorausgehende Adjectivum oder Pronomen und eine
Trennung derselben von ihrem Substantivum nicht allein
in der poetischen Sprache, sondern sogar in archaischer
Prosa sich findet; vergl. Wackernagel a. a. O. p. 415:
„Die beiden letzten Beispiele (quam in quisque
decuria C. J. L. I 201, I 36, II 27) zeigen, dass in Wortfolgen nach der Art von quam in decuriam die Praeposition als zum Relativum gehörig empfunden wurde."

Die schlichte alte Prosa freilich, wie sie uns bei
Cato und in den älteren Inschriften entgegentritt,
huldigt mehr dem neuen Princip, die Adjectiva hinter
das Substantivum zu stellen; die Pronomina aber behaupten ihren Platz vor demselben. Überall aber wird
die Voranziehung der Praeposition durchgeführt, nur die
Relativpronomina behaupten meistens den ersten Platz,
geschützt durch die in der alten Sprache häufige Correlation.
Nachdem der Relativsatz aber aus dieser Correlation
sich befreit hat, treten auch diese Pronomina mehr und

mehr zu Gunsten der Praeposition von ihrem ersten Platze zurück, doch sind bis in classische Zeit hinein beide Wortfolgen gleich gebräuchlich. Cato hat die Zwischenstellung nur bei dem Relativ-resp. Fragepronomen, so: de r. r.

6: Vineam, quo in agro conseri oportet, sic observato,
35, 2: Trimestrem, quo in agro sementim maturam facere non potueris,
136: qua ex parte politiori pars est, eam partem....
141: quota ex parte,...
Dagegen hat er aber auch schon 161, 3: in quo loco.

Ebenso verhält es sich mit den älteren prosaischen Inschriften. Auch hier sind die Adjectiva und attributiven Genitive meist dem Substantivum nachgestellt, während die Pronomina demselben vorausgehen, und zwar, je älter die Inschriften sind, desto ausnahmsloser bei Praepositionalverbindungen die Relativ- und Fragepronomina an erster Stelle.

C. J. L. I 198 und 200: quam ob rem, qua de re, 198$_{10}$ quoiave in fide.
200: aber auch schon in quibus diebus und ex qua sorti.
201: quibusque de rebus,
201 $_{I 36}$: quam in quisque decuriam,
201 $_{II 27}$: qua in quisque decuria.
205: qua de re, quam ob rem, aber auch $_{II 28}$: de qua re,
206: in qua parte,
und zum ersten Male in einer Inschrift in Prosa Voranstellung des Adjectivs.
206, $_{61}$: certeis de causeis.

Die Zwischenstellung der Praeposition kommt aber auch noch dadurch zu stande, dass das Attribut occasionell an die erste Stelle rückt. Hierbei ergiebt sich dann natürlich, dass erstens die Praeposition zu dem Substantivum gehört und also auch mit diesem zusammen

von dem voranstehenden Attribute durch andere Satzteile
getrennt werden kann, zweitens aber, dass an dieser
Construction auch die zwei- und mehrsilbigen Praepositionen teilnehmen können. Dass übrigens die so auf
zweierlei Wegen entstandene Wortfolge in der alten
Umgangssprache sehr verbreitet gewesen sein muss, beweisst mit Rücksicht auf die aus Ciceros Orator 11, 36
oben angeführte Stelle über den Sprachgebrauch des
Ennius das häufige Vorkommen derselben bei diesem
Dichter.

Müller 44: aegro cum corde meo,
      57: tuo cum flumine sancto,
      73: magna cum cura,
      84: pictis e faucibus,
    203: volentibus cum magnis dis,
    218: proprio cum pectore sancto,
    401: audaci cum pectore,
    460: campi per caerula laetaque prata,
    486: concava sub montei,
    489: suo cum flamine,
    578: tristi cum corde,
    497: magnis de rebus.

Ebenfalls können wir bei ihm die beiden oben
ausgeführten Entstehungsarten der Zwischenstellung nach-
weisen, indem

ann. 381: longos per tempori' tractus
für die erstere,

ann. 606: vestro sine nomine, und

271: Sulphureas posuit spiramina naris ad undas
für die letztere als Beweise eintreten. Satiren 15:
„Subulo quondam marinas propter adstabat plagas“,
zeigt schon die zwischen marinas und propter einfallende
Caesur, dass dieselben nicht zusammengehören, sondern
dass propter als Adverb aufzufassen und der Accusativ
von adstare abhängig ist. Den Hauptanteil an der Entstehung der Zwischenstellung hat selbstverständlich die

occasionelle Voranziehung des Attributs. Ich schliesse dieses namentlich auch aus der Bedeutung der Adjective, welche zu dieser Stellung neigen und von Plautus und Terenz besonders häufig darin angewendet werden. Sie verwenden nämlich, abgesehen von Pronominibus, meistens nur übertreibende superlativische oder negierende Ausdrücke: magnus, bonus, omnis, maximus, unus, pauci, nullus, neuter, in dieser Weise.

So: Plaut. Pers. I 2, 2 (54 R.): Magna cum cura.
Most. III 1, 129 (658 R.): bono cum jure,
Men. V 4, 7 (895 R.): omnibus in locis,
Amph. I 1, 89 f. (244 R.): maxumo Cum clamore,
Men. prol. 56: uno adsto in loco,
Pers. IV 4, 109 (661 R.): pauca in verba,
Ter. Hec.: IV 4, 45: Neutra in re,
Andr.: II 5, 13: Nullane in re.

Im ganzen aber ist diese Wortfolge bei Terenz Plautus und Ennius gegenüber viel weniger angewendet. Dagegen gewinnt dieselbe an Raum bei den neueren Dichtern seit Lukrez, und zwar in solchem Masse, dass man berechtigt ist, dieselbe dort für die gebräuchlichste zu erklären. Dazu kommt, dass von da ab durch die Nachahmung der griechischen Behandlungsweise der zweisilbigen Praepositionen sich der Unterschied zwischen den beiden Arten der Zwischenstellung verwischt und von nun an sowohl ein- als auch zweisilbige Praepositionen bald an das Substantivum sich anschliessen, bald an das Adjectivum, ja zuweilen von beiden durch dazwischentretende Satzteile getrennt werden. Es mag genügen, hierfür aus Lukrez, der auch in dieser Richtung den Späteren, namentlich Ovid und Vergil, als Vorbild dient, einige Beispiele anzuführen: Adj. — Pr. — Subst.

V, 222: saevis projectus ab undis,
III, 594: toto solvi de corpore velle.

Siehe auch: I, 719, 1029, 419, 305, 717, 585,
II 122, 203, III 17, IV 515, V 16, VI 204 und andere.

Adj. — Pr. — Subst.

V, 641: gelidis a frigoris undis,
VI, 885: supera de reddere parte,
II, 213: Nostro sine quaeque lebore,
V, 934: glandiferas inter curabant corpora quercus.
Ähnlich sind: II, 1099, 397; I, 22; II, 425; V, 501;
VI, 1202; VI, 694.

Adj. — Praep. — Subst.

III, 10: tuisque ex inclute chartis.
Beispiele aus anderen Dichtern siehe bei Boldt:
„de liberiore ling. Graec. et Lat. colloc. verb."
Göttingen 1884, S. 25 ff.

Die occasionelle Stellung des Attributs ist es auch,
welche diese Wortfolge so starke Aufnahme in der
Kunstprosa finden lässt. Dieses zeigt sich auch schon
darin, dass hier die Praeposition, falls überhaupt in die
Praepositionalconstruction ein anderer Satzteil einge-
schaltet wird, sich stets an das Substantivum anschliesst.
Wenn übrigens Neue, Formenl. B. II² Seite 789 be-
hauptet, dass diese Construction in der classischen Prosa
die üblichste wäre, so ist das mindestens stark über-
trieben. Varro wendet dieselbe z. B. ziemlich selten
an und wohl nie ohne die bestimmte Absicht, das Adjectivum besonders hervorzuheben, ja hinsichtlich des
Relativpronomens ist bei ihm sogar eine Abnahme zu
verzeichnen.

Für Cornificius lässt sich ungefähr derselbe
Thatbestand feststellen.

Cicero gebraucht dieselbe hauptsächlich in folgenden
Fällen. Bei Zahlen in dem Einleitungssatze der partitio,

z. B.: tribus in generibus
quattuor in generibus,

beim Pronomen is und hic und idem, ferner bei magnus,
summus, maximus und ähnlichen superlativen Ausdrücken.

Am stärksten im Verhältnis zu allen seinen übrigen
Schriften findet sich dieser Gebrauch in den Büchern
de inventione vertreten, wo ungefähr die Hälfte aller
Praepositionalconstructionen auf diese Art der Stellung
entfallen. Ich vermute, dass diese Erscheinung mit seiner
gleichzeitigen Beschäftigung mit der Theorie der Poëtik
und eigenen poëtischen Versuchen zusammenhängt. Auch
in seinen ersten Reden finden sich noch verhältnismässig
mehr Beispiele dieser Wortfolge. Je älter und ruhiger
aber C. wird, desto sorgfältiger und vorsichtiger wird
er auch in der Anwendung derselben, so dass in den
Werken, welche die Producte seines gereiften Alters
sind, nur selten dieselbe ohne rhetorische Absicht angewendet ist.

Es erübrigt nun noch kurz auf die Frage einzugehen, wie und seit wann die Praepositionen von ihrem
Nomen getrennt werden können.

Die Praepositionen welche dazu dienen, die in dem
Casus des Nomens ausgedrückte Beziehung näher zu be-
stimmen, werden selbstverständlich ursprünglich stets
dicht zu ihrem Casus gestellt und zwar, wie wir gesehen
haben, ursprünglich hinter denselben. Es ist daher auch
anzunehmen, dass in den Fällen, in denen sich die alte
Stellung erhalten hat, eine Trennung durch dazwischentretende andere Worte nicht möglich ist, und so ist es
auch; weder in den Dialecten noch in den Fällen, in
denen wir in der lat. Sprache Reste alter Postposition
erkannt haben, ist eine derartige Trennung gestattet.
Dagegen werden die den Pronominibus nachgestellten
zwei- und mehrsilbigen Praepositionen in der Dichtersprache häufig von ihren Pronomen besonders durch das
dazwischentretende Verbum getrennt. Es ist dies wiederum
ein Beweis, dass es sich in diesem Falle nicht um die
alte Nachstellung der Praeposition handelt, wie ich auch
aus anderen Anzeichen glaube oben dargethan zu haben,

sondern um die occasionelle Stellung des Pronomens. Beispiele finden sich reichlich in der gesammten poëtischen Litteratur zerstreut.

So: Plaut. Amph. II 2, 183 (814 R.):
    Quid ego feci, qua istaec propter dicta dicantur mihi.

Pers. II 2, 26 (208 R.): Feminam scelestam te astans contra contuor.

Trin. V 2, 21 f. (1145 f. R.): thensaurum tuum Me esse penes.

Aul. IV 4, 27 (654 R.): Neque tui me quicquam invenisti penes.

Terenz, Hecyra III 3, 4: Qua me propter exanimatum citius eduxi foras.

Hec. IV 1, 20: quae te est penes.

Lukrez I 718: quam fluitans circum,
    IV 474: hunc igitur contra nullam contendere causam.

Auch die in griechischer Weise dem Substantivum nachgestellten Praepositionen, wie es seit Lukrez in der Dichterkunstsprache üblich wird, werden von ihrem Substantivum getrennt.

Lukrez IV 223: cum mare versamur propter.

Horaz Sat. I 3, 68: vitiis nemo sine nascitur.

Hor. Sat. I 3, 40: insanos qui inter vereare insanus haberi.

Die voranstehenden Praepositionen sowohl ein- als zweisilbige werden in der Sprache der älteren Dichter sowie in der gesammten Prosa nie von ihrem Nomen, resp. dem ersten Teile der nominalen Verbindung getrennt ausser durch die enclitischen Partikeln que, ve und ne. Nur per wird in den Beschwörungsformeln häufig durch das Pronomen des Bittenden, oder des Angerufenen oder aber auch durch beide Pronomina von seinem Substantivum getrennt. Siehe hierüber bei Boldt a. a. O. 35 f. und Wackernagel a. a. O. 407 ff.

Dagegen werden dieselben sehr häufig mit einem
Attribute zusammen durch andere Satzteile, ja durch ein-
geschobene Nebensätze, von ihrem Substantivum getrennt,
z. B.: Plaut. Trin. prol. 12 R.:

Qui in hisce habitat aedibus.

Terenz Phorm. IV 2, 20: Neque cum hujusmodi
usus venit ut conflictares malo.

Gehört in den Bereich der Praepositionalconstruction
ein anderes, z. B. von einem attributiven Participium
oder Adjectivum abhängiges Wort, so kann auch dieses
direct auf die Praeposition folgen,

z. B. Plaut. Trin. I 2, (122 R.):

Ut eam in se dignam condicionem conlocem.

Dagegen dürfen andere Satzteile in der Prosa und
in der alten Poësie nicht zwischentreten. Mit Recht
hat deshalb, wie ich glaube, Schoell Plaut. Cas. IV 4, 1:

Sensim super attolle limen pedes, nova nupta,

auch abgesehen von metrischen Gründen durch Um-
stellung geheilt, indem er herstellte:

Sensim supera limen, tolle pedes, nova nupta . . .

Die ältesten Beispiele einer derartigen Trennung
praepositionalen Ausdrucks sind:

Afran. Ribb. 91: contra causaris patrem,

Turp. Ribb. 188: ego extra cubui dominia,

Lucil. XXVII v. 48, L. Müller:

in concedere unum atque in eo dare quod spectatur
manus,

möchte ich, da Luc. concedere auch an anderer Stelle
mit dem Accus. verbindet (XXVIII 16, L. Müller)
wenn schon in anderer Bedeutung, durch Änderung von
„in" in „vin" beseitigen, um dadurch zugleich zu den
Infinitiven concedere und dare ein verbum regens zu
gewinnen. Ich glaube hierzu um so mehr berechtigt zu
sein, da die handschriftliche Überlieferung:

4

in concedere unum atque in eo dare quo superatur
manus,

offenbar Verderbnisse enthält, die meiner Meinung nach
durch die Müllersche Conjectur „quod spectatur" nicht
gehoben sind. Ich möchte daher folgende Änderung
vorschlagen:

Vín concedere únum atque ideo dáre quo superetúr
manus,

die sich ja auch der handschriftlichen Überlieferung
mehr anschliesst.

In der Dichtersprache seit Lukrez jedoch ist die
Trennung der vorausgehenden Praepositionen, sowohl
der ein- als auch der zweisilbigen, von ihrem Nomen
nichts Ungewöhnliches. Beispiele dafür namentlich aus
den Augusteischen Dichtern giebt Boldt a. a. O. S. 41 ff.,
der auch auf die Abhängigkeit derselben in dieser Hin-
sicht von den Alexandrinern aufmerksam macht. Aus
Lukrez will ich hier nur noch nachtragen:

I 72: Extra processit longe flamantia moenia mundi,

III 603: extra prodita corpus,

IV 1004: inter qui lapidem ferrumque est cumque
locatus.

Über die bei der Zwischenstellung der Praepositionen
vorkommenden Stellungsweisen ist oben das nötige gesagt.

Damit bin ich aber an den Schluss meiner Untersuchung gekommen, deren Resultate ich hier nochmals
kurz wiederholen will.

Zuerst haben wir auf Grund der dialectischen Reste
constatiert, dass auf italischem Boden am längsten die
einsilbigen Praepositionen mit kurzem Vocal sich in
der postnominalen Stellung hielten; durften dann auch,
trotzdem im allgemeinen bei Beginn der schriftlichen
Überlieferung auf lateinischem Boden die Voranstellung
der Praepositionen als herrschend von uns anerkannt
werden musste, aus sprachlichen Versteinerungen, der
Stellung des cum bei den Pronominibus und der Mittel-

stellung einsilbiger Praepositionen in der archaischen
Litteratur auf dieselbe Entwicklungsstufe der Wortfolge
bei den Latinern schliessen. Bei der Construction der
Pronomina sahen wir, dass der Grund für die Anastrophe
nicht in den Praepositionen, sondern vielmehr in der
enclitischen Eigenschaft der Pronomina lag. Sodann
aber glaube ich unzweifelhaft dargelegt zu haben, dass
die natürliche ungestörte Fortbildung der lateinischen
Sprache gemäss eigener Gesetze, durch die neueren
Dichter, namentlich und zuerst durch Lukrez, durch
Schöpfung einer eigenen Dichterkunstsprache nach
griechischem Vorbild und den Vorschriften der alexandrinischen Schule unterbrochen worden ist, eine Thatsache, welche sich besonders deutlich in der Behandlung
der Stellungsgesetze der Praepositionen zeigt.

Ob aber eine derartige Neuschöpfung, deren
Genialität über allem Zweifel erhaben ist, die aber der
Sprache der Mitbürger Zwang und Gewalt anthut, oder
ein mit den Gesetzen und Gewohnheiten der Sprache
seiner Zeit übereinstimmender und von der Rede der
Gebildeten nur durch Versmass und Rhythmus sich unter-
scheidender Stil, wie ihn namentlich Terenz uns dar-
bietet, anerkennenswerter sei, muss ich jedem Leser
selbst zu entscheiden überlassen.